NICOLE
BAILEY

69 FORMAS DE SATISFACER A TU AMANTE

SECRETOS SEXUALES PARA EL MÁXIMO PLACER

VERGARA
GRUPO ZETA

69 FORMAS DE COMPLACER A TU AMANTE

Título original: 69 *Ways to Please your Lover*

Traducción: Laura Paredes

1.ª edición: septiembre, 2004
1.ª reimpresión: septiembre, 2005

Publicado por primera vez en 2004
por Duncan Baird Publishers Ltd.

Ésta es una coedición de Ediciones B, S.A.,
y Ediciones B Argentina, S.A.,
con Duncan Baird Publishers Ltd.

© 2004, Duncan Baird Publishers
© 2004, Nicole Bailey, para los textos
© 2004, Duncan Baird Publishers,
 para las fotografías
© 2004, Ediciones B, S. A., en español para
 todo el mundo
Bailén, 84 - 08009 Barcelona (España)
www.edicionesb.com

Impreso en Hong Kong - Printed in Hong Kong
ISBN: 84-666-1687-X

Reservados todos los derechos.
Queda rigurosamente prohibida,
sin autorización escrita
de los titulares del *copyright*,
la reproducción total o parcial
de esta obra por cualquier
medio o procedimiento,
comprendidos la reprografía
y el tratamiento informático,
así como la distribución
de ejemplares mediante
alquiler o préstamo públicos.

SUMARIO

INTRODUCCIÓN:
La esencia del placer 008

PRIMERA PARTE: ACCIONES 010

fantasías 014

juego 020

cosquillas 026

besar 030

mordisquear 034

respirar 040

susurrar 046

sujetar 050

lamer 054

chupar 058

penetrar 062

SEGUNDA PARTE: PUNTOS CALIENTES 068

orejas 072

boca 076

cuello 080

pecho 084

ombligo 088

clítoris 092

punto G 096

pene 102

testículos 108

nalgas 112

pies 116

TERCERA PARTE: 120
SENSACIONES

tacto 124

gusto 128

vista 132

olfato 136

oído 140

introducción

la esencia del placer

Da igual si estás con alguien a quien acabas de conocer o con tu pareja desde hace diez años, este libro te orientará sobre todo lo que gusta durante el sexo.

La primera parte trata de técnicas, desde los juegos a la penetración. La segunda parte es un recorrido por los puntos calientes del cuerpo con consejos sobre cómo estimularlos. La tercera parte enseña a agudizar los sentidos para que el sexo sea un viaje rico y sensual que no sólo se vive a través de los genitales, sino también de la nariz, la lengua, los ojos y las orejas.

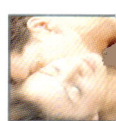

introducción

Para una buena vida sexual no es preciso tener un cuerpo perfecto ni un repertorio de ejercicios gimnásticos. A menudo, basta con sentir curiosidad y tener ganas de probar. Una pareja que conozco empezó a tener citas sexuales por las tardes y su vida sexual mejoró de forma sorprendente. Buscaban sitios sexuales en Internet, compraban juguetes y libros sexuales, y tomaron cursos de sexo tántrico. Son una prueba de que complacer al amante es cuestión de actitud y de entusiasmo. Espero que los consejos y las técnicas de este libro inspiren, enriquezcan y revitalicen así tu vida sexual. Pásatelo bien leyendo y mejor aún ¡llevándolo todo a la práctica!

PRIMERA PARTE

ACCIONES

fantasías • juego • cosquillas • besar • mordisquear • respirar
• susurrar • sujetar • lamer • chupar • penetrar

primera parte | acciones

Para algunas personas, el coito no es lo más importante del sexo, sino todo lo que se hace antes, como la forma en que susurras al oído de tu amante, le besas la piel, le confiesas una fantasía íntima o le mordisqueas el cuello. Son cosas que le seducen, captan su imaginación o le toman por sorpresa. Esta primera parte está llena de técnicas e ideas dirigidas a aumentar la tensión sexual para crear un gran momento erótico para ambos. Se ofrecen sugerencias sobre cómo hacer que el sexo sea más alegre (la risa y la broma son formas fantásticas de desprenderse de inhibiciones), intensificar la sensación con técnicas de respiración, redescubrir la pasión a través de los besos, aumentar la tensión sexual y proporcionar un espléndido sexo oral. Puede que, al final, los prolegómenos acaben siendo sexo en sí mismos. Pero lo más importante es la comunicación: hablar sobre sexo y hacerse preguntas simples, como «¿Te gusta esto?», puede ser lo más efectivo para mejorar tu vida sexual. Y cuando habléis de sexo, no olvides que a todo el mundo le encanta recibir cumplidos.

acciones

primera parte | acciones

as fantasías pueden avivar el ritmo durante el sexo. Significan que el cerebro, y no sólo el cuerpo, está dedicado por completo al sexo. Es como ver una película erótica que has escrito, dirigido y protagonizado mentalmente. Las fantasías van desde el encuentro sexual con un desconocido atractivo hasta una orgía por todo lo alto. Es habitual sentir culpa por las fantasías o preocuparse por su contenido pero, se-

...gún los sexólogos, no son ningún problema siempre que no sustituyan el deseo de practicar el sexo o tengan un efecto destructivo en nuestra vida. Las fantasías deben ser picantes o no nos excitarían. Algunas personas son muy creativas y poseen un amplio repertorio de imágenes y situaciones. Otras no consiguen tenerlas. Si es tu caso, toma un baño caliente y recuerda experiencias sexuales: la mejor, la

primera parte | acciones

peor, la más divertida, la más arriesgada. ¿Cuáles imaginas? ¿Por qué? Embellece las experiencias o concéntrate en un detalle excitante; una fantasía puede ser algo tan simple como una sola imagen erótica del cuerpo de alguien. Si tienes la libido en baja forma o si te cuesta excitarte debido al cansancio o al estrés, recrear tu fantasía favorita puede proporcionarte el impulso que necesitas. Las mujeres a las que les cuesta llegar al orgasmo suelen comentar que crear imágenes sexuales mentales logra mucho más que horas de una actividad amorosa experta. Si es posible, intenta acercar tus fantasías a tus prácticas sexuales reales. Haced el amor en el mar, citaos en un hotel y fingid que no os conocéis, interpretad roles pervertidos o desnudaos el uno al otro: haced lo que os dicte vuestra imaginación.

un dedo a la *fantasías*

primera parte | acciones

01 Inventaos historias juntos.
Turnaos para hablar. Empezad con: «Estaba sentada frente a él en un tren lleno de gente...» o «La vi desnudarse por la ventana...».

02 Haced realidad una fantasía. Tened en cuenta los detalles: decorad el dormitorio, disfrazaos e interpretad roles. Haced que la fantasía cobre vida.

primera parte | acciones

«enséñ

El sexo es un juego para adultos. No sigas normas; sé todo lo pícaro, obsceno, arriesgado o pervertido que quieras. Un sexo alegre significa expresarse de formas nuevas, excitantes y muchas veces absurdas, como hacer el amor en el jardín al atardecer sin hacer ruido para que los vecinos no lo oigan, decorar el cuerpo desnudo de la mujer con fruta o recibir al hombre en la puerta con la ropa interior más descara-

amelo»

da. Por supuesto, estaría incompleto sin juguetes sexuales. Si no quieres ir a un *sex-shop*, compra en línea. La gama es enorme: vibradores, consoladores, equipo de *bondage*, extensiones de pene de silicona, correas comestibles, vibradores de dedo, estimuladores clitoridianos, joyas para los pezones, incluso «columpios amorosos», que se cuelgan del techo para practicar el sexo en el aire.

juego

primera parte acciones

03 Sácate fotos porno y déjalas en sitios que sorprendan a tu compañero: en la cartera, en el bolsillo de la chaqueta o bajo la almohada cuando te vas por la mañana.

04 Da a tu amante una lista de alimentos eróticos como espárragos, higos, ostras y nata montada. Escribe al final: «Vuelve PRONTO.»

primera parte | acciones

05 Interpretad roles durante el sexo. Llamaos «Señor» y «Señora». Fingid que ella es una virgen inocente o que él es un reprimido director de colegio.

primera parte | acciones

un horr
expect

Imagina que yaces boca abajo con los ojos cerrados y que tu amante te va a hacer cosquillas en la espalda con una pluma. Un hormigueo te recorre el cuerpo. Las cosquillas te despiertan, te revitalizan y te hacen sentir el cuerpo. Las más eróticas provocan una sensación que es mitad excitación y mitad escalofrío. Lo mejor para hacer cosquillas son las manos. Recorre la piel de tu amante suavemente

manigueo ante · **cosquillas**

con la yema de los dedos o las uñas. También puedes dejar un espacio muy pequeño entre los dedos y la piel; eso provoca escalofríos. O puedes hacer cosquillas con el pelo (sobre todo si es largo y fino), pañuelos de seda y plumas o plumeros. Se trata de crear una expectativa en la pareja. Puedes aumentar el efecto si le vendas los ojos para que se concentre aún más en el tacto.

primera parte | acciones

06 Hazle cosquillas en el interior de los muslos y en la entrepierna a través de unos vaqueros ajustados. Cuanto más gruesa sea la tela, más enérgicas pueden ser las cosquillas.

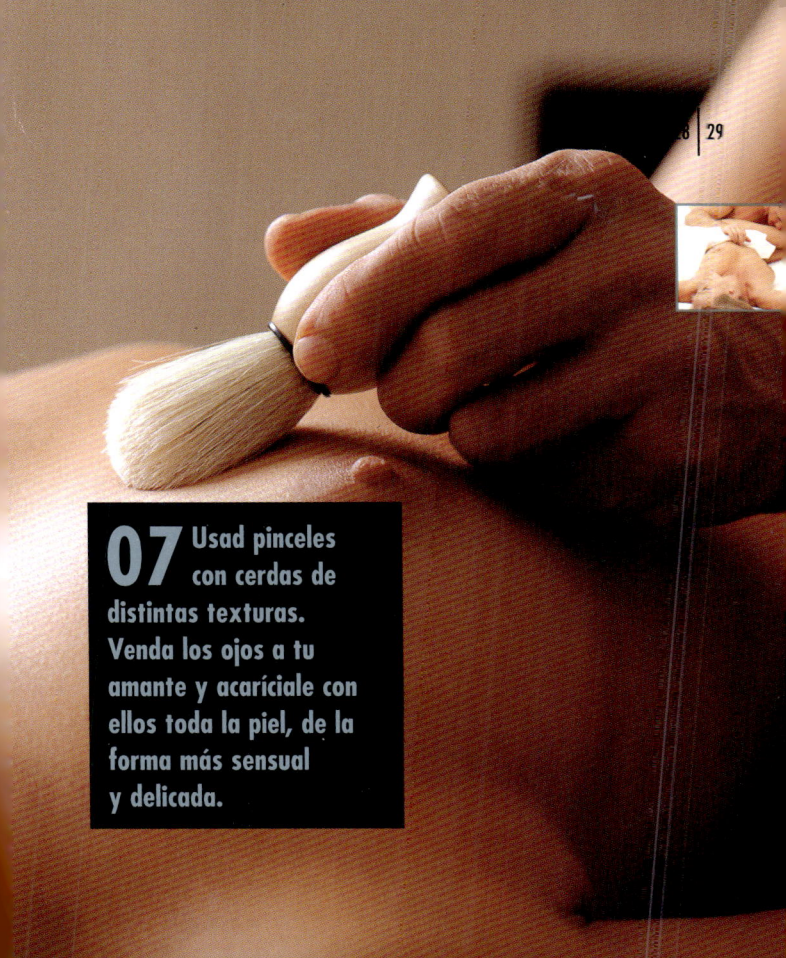

07 Usad pinceles con cerdas de distintas texturas. Venda los ojos a tu amante y acaríciale con ellos toda la piel, de la forma más sensual y delicada.

primera parte | acciones

boca a b

El beso es el acto sexual más íntimo y cargado de emoción. Un beso electrizante en la boca que dura sólo segundos puede llevarte a suplicar a tu amante mucho más que una hora de caricias y abrazos. Un beso es la primera impresión sexual que tenemos de una pareja y puede despertar o destruir el deseo de más intimidad. El mejor beso es el que no se quiere que termine. Empezad despacio, provocad y tantead para aumentar la urgen-

lengua a

poca cia y la pasión junto con la tensión sexual. Ninguno de los dos amantes se siente dominado o dominante. Esta clase de beso puede ser una finalidad en sí más que parte de los prolegómenos. Los besos apasionados son vitales para mantener viva la llama sexual en las relaciones así que, si hace tiempo que estáis juntos y os besáis poco, deberíais planteároslo. Pide a tu pareja que te bese como siempre has deseado y, después, tomad nota. **lengua**

besar

primera parte | acciones

08 Probad el «beso consciente» en que te concentras por completo en las sensaciones: el sabor, el tacto y el olor de la boca, los labios y la lengua de tu pareja.

09 Besaos como adolescentes: en la calle o en el cine. Pero sobre todo, besaos mucho rato. No penséis en lo que pasa después; besaos por puro placer.

primera parte | acciones

suave

Vatsyayana, autor del *Kama Sutra*, es el gran experto en mordiscos. Los clasificó según dónde y cómo se dejaban las marcas de los dientes. Por ejemplo: «El mordisco del jabalí se deja en los pechos y los hombros, y consta de dos líneas de dientes.» Vatsyayana también describió cómo se mordían los amantes para expresar pasión: «Si está muy excitada… le tira del pelo para morderle el labio inferior y después, en su delirio, le muerde

y duro

todo el cuerpo.» Aunque menos de moda ahora, morder es una técnica sexual interesante. Su goce depende de la tolerancia al dolor. Mordisquear las orejas y los dedos de manos y pies puede aumentar el erotismo en segundos, pero los mordiscos fuertes pueden matar la pasión al instante (salvo en el sadomasoquismo). Una buena técnica consiste en chupar la piel y mordisquearla. Inténtalo en una nalga o el interior de un brazo.

mordisquear

primera parte | acciones

10 Masajéale el pene erecto con aceite y póntelo en la boca. Aráñale con cuidado la piel con los dientes. Pregúntale si le gusta más fuerte o más suave.

11 Sujeta con los dientes de arriba y la lengua la membrana que une el índice y el pulgar, y tira de ella. Haz lo mismo con sus labios menores.

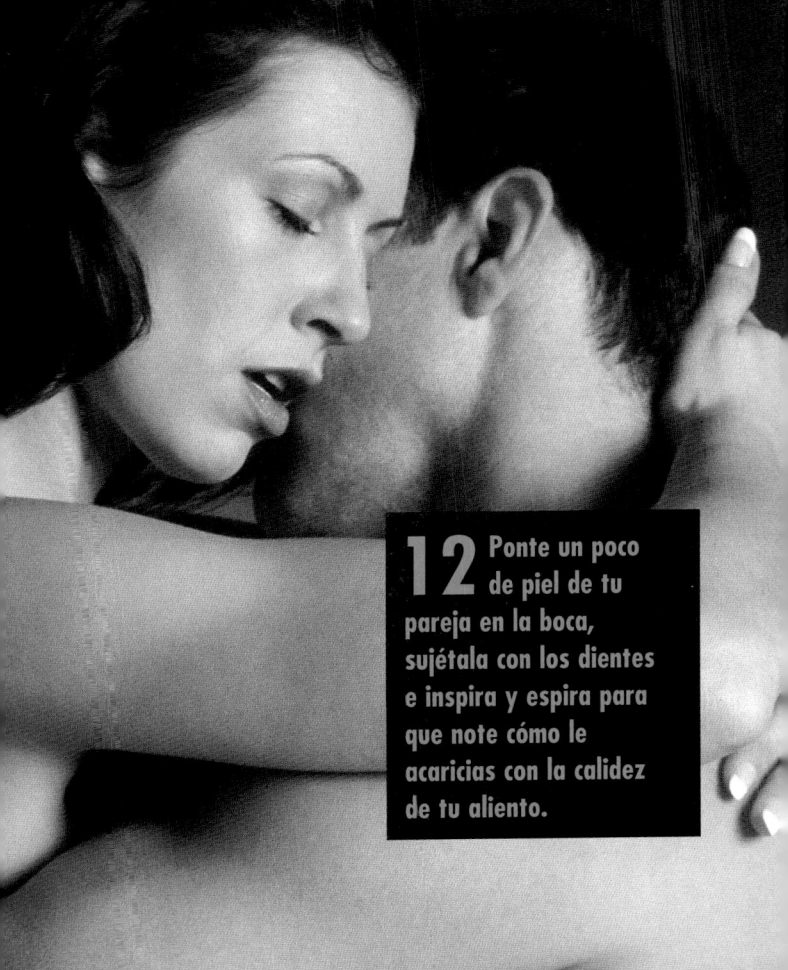

12 Ponte un poco de piel de tu pareja en la boca, sujétala con los dientes e inspira y espira para que note cómo le acaricias con la calidez de tu aliento.

primera parte | acciones

suspiros

La respiración es una de las formas más simples y olvidadas de mejorar el sexo. Los yoguis y los maestros en sexo tántrico lo han sabido siempre. El principio es sencillo: nuestro estado físico y emocional guarda relación con nuestro modo de respirar. Hacer un sencillo ejercicio de respiración con la pareja antes del sexo va muy bien para estar más centrados. La gente suele hacer el amor por la noche, cuando está cansada, y prepararse un par de minutos permite hacerlo de forma más placentera y atenta. Sentaos con las piernas cruzadas frente a frente, miraos a los ojos y tomaos las manos o poned la palma sobre el corazón del otro. ¿Cómo es tu respiración? Ralentízala, haz que sea más suave y profunda, y sincronízala con la de tu amante. Imagina que vuestra respiración os conecta emocionalmente. Haced este

respirar

primera parte | acciones

ejercicio al menos dos minutos. También puedes usar la respiración durante el sexo de tres formas: para demorar el orgasmo, haz que sea larga, profunda y lenta, y relaja el cuerpo y la mente (ideal para los hombres que eyaculan demasiado pronto); para favorecer el orgasmo, haz que sea rápida y profunda (ideal para las mujeres con dificultades para alcanzar el clímax); para que los orgasmos sean más intensos, contén el

intenso · respirar

aliento al acercarse el clímax y libéralo en el momento crítico con un «ah» largo y fuerte. Muchas personas consideran que una respiración corta y superficial, antes del orgasmo, puede incrementar la sensación de placer. Después de hacer el amor con tu pareja, adoptad la postura de cuchara y una respiración sincronizada. Poned la mano en la barriga del otro para sentir el ritmo del aire al entrar y salir del cuerpo.

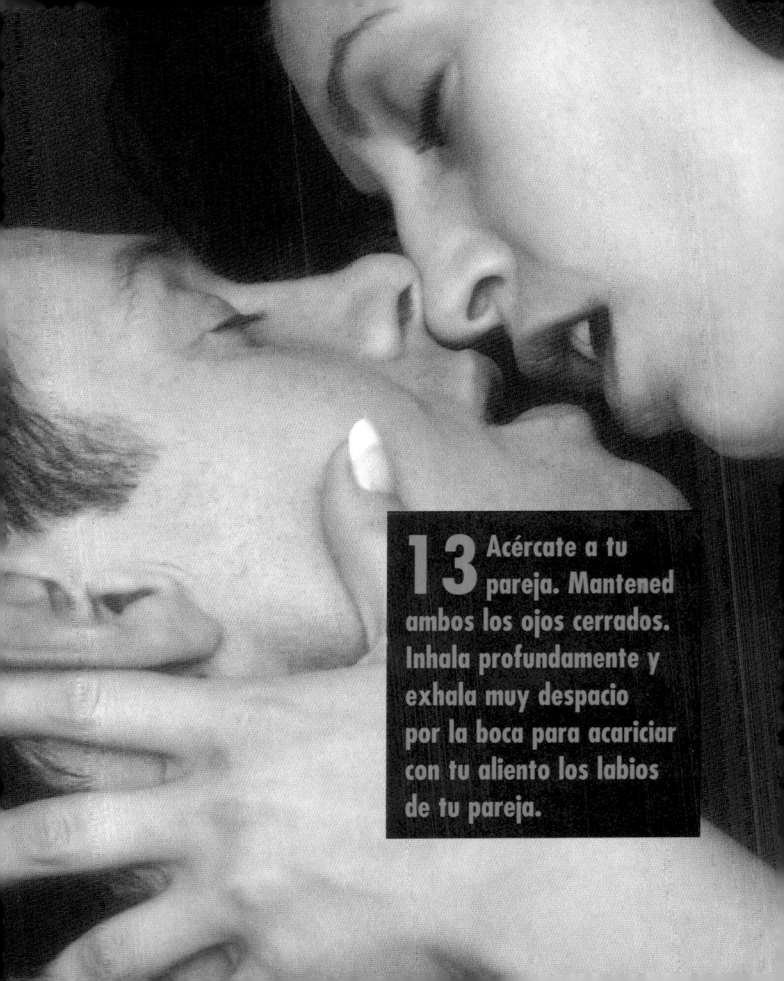

14 Inspira profundamente durante el sexo e imagina que el aire te transporta sensaciones eróticas por todo el cuerpo. Es la llamada «respiración sensual».

15 Prueba la forma de respiración más íntima: pon los labios sobre los de tu amante, como un sello hermético. Ahora respirad con suavidad uno el aliento del otro.

primera parte | acciones

«Te ne

No lo digas, susúrralo. Tanto si estáis solos en la cama como en una fiesta llena de gente, eso indica a la pareja: «Tengo algo íntimo que decirte.» Un susurro aísla a los amantes y los transporta a su universo erótico. Mira a tu compañera a los ojos y dile: «Tengo que decirte algo.» Tras una pausa, añade al oído, más despacio y con voz entrecortada: «Te necesito.» La sensación del aliento cálido en la piel y el men-

cesito»

saje de pasión urgente son muy seductores. Un susurro también es una buena forma de acercarse a alguien a quien no conocemos. Hablarle en voz alta indica que queremos atraer su atención. Hablarle en voz baja significa tener la seguridad de que nos va a escuchar. Pero susurrarle transmite una auténtica confianza sexual; significa: «Me gustas y voy a hacer que te acerques a mí.»

16 Susurra estas palabras al oído de tu amante con tu voz más seductora: «mojado», «duro», «sedoso», «lengua». (¡No te rías hasta después!)

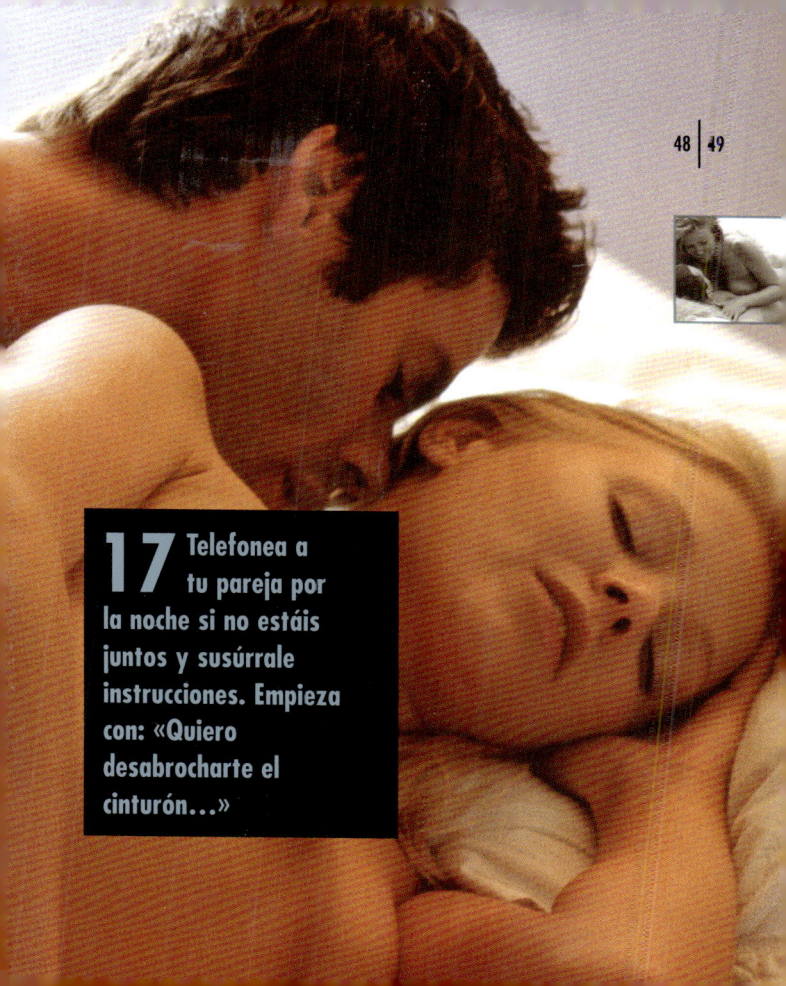

17 Telefonea a tu pareja por la noche si no estáis juntos y susúrrale instrucciones. Empieza con: «Quiero desabrocharte el cinturón…»

pañuelos

primera parte | acciones

Tanto si te gusta usar pañuelos de seda como correas de cuero, cadenas y esposas, el *bondage* puede ser liberador. Puede transformar a amantes conservadores en ávidos fetichistas o en amas descaradas. El dominante obtiene placer de estar al mando y el dominado siente un temor agradable a ser degradado. Si eres quien manda, ata a tu «víctima» con una cuerda suave, pañuelos o corbatas (o equipo de

correas

de seda
le cuero

sujetar

bondage si lo tienes) e interpreta tu papel. Dile que se ha portado mal y que su «castigo» será obedecer todas tus órdenes sexuales. También puedes excitarla y parar hasta que te apetezca seguir. Algunas parejas establecen una palabra clave antes de empezar para poder interrumpir el juego en cualquier momento. Pero no elijáis la palabra «para», ya que gritarla forma parte de la diversión.

primera parte | acciones

18 Ata las muñecas a tu «víctima», proporciónale medio minuto de sexo oral, detente y ríñela por excitarse tanto. Exige que te devuelva el favor.

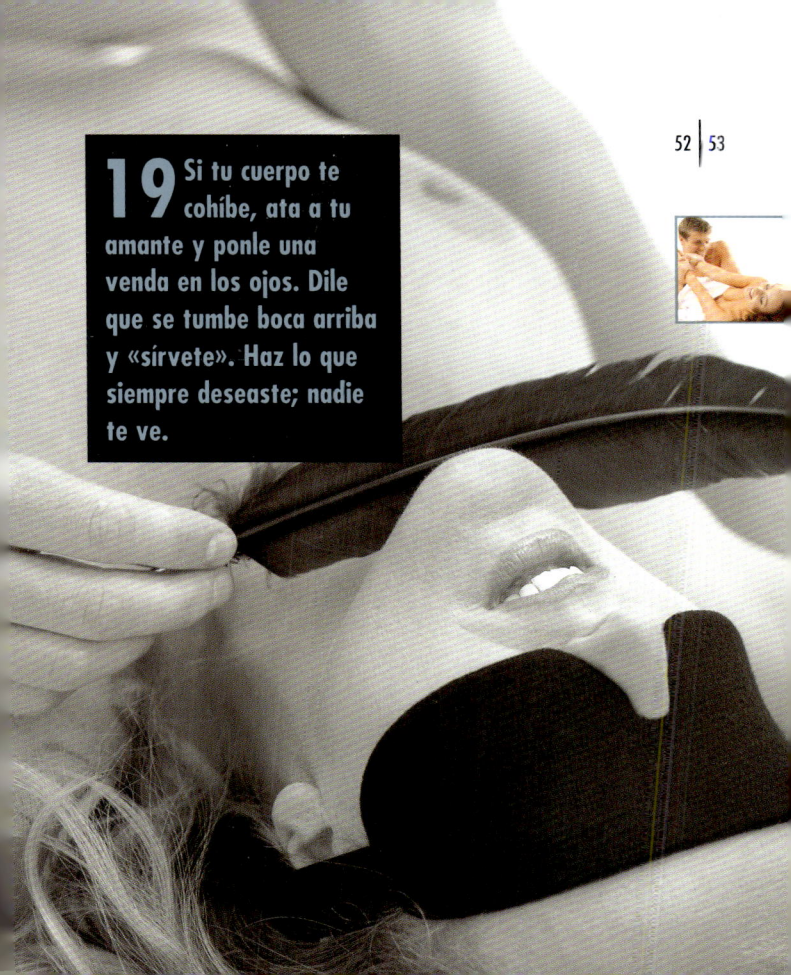

19 Si tu cuerpo te cohibe, ata a tu amante y ponle una venda en los ojos. Dile que se tumbe boca arriba y «sírvete». Haz lo que siempre deseaste; nadie te ve.

primera parte | acciones

caricias húme

La lengua es una de las partes más provocativas del cuerpo. Es muy adaptable y se puede usar de distintos modos. Así, puedes tocar intermitentemente los pezones de tu amante, maximizar el contacto con sus genitales o aplicarla con suavidad y dureza alternativamente en la entrada de la vagina. Alex Comfort, autor de *La alegría del sexo*, recomienda el «baño de lengua», en que lames todo el cuerpo de tu amante con

edas y lentas

«movimientos largos, lentos y amplios con la lengua». También puedes provocar sensaciones exquisitas lamiéndole las zonas erógenas y soplándole después la piel mojada. Explora con la lengua: lamer la oreja puede llevar al éxtasis a tu pareja y lamerle la piel tras la rodilla tomarla por sorpresa. Si quieres que tu amante te lama, atráele con miel o lubricante con sabores en sitios estratégicos.

lamer

20 Excita a tu amante lamiendo un helado de forma provocativa. Lánzale miradas sugestivas mientras mueves sensualmente la lengua para comerlo.

21 «Sujeta» el pene erecto de tu amante contra su cuerpo, de modo que se vea la parte inferior. Lámeselo mientras mueves la cabeza de un lado a otro.

22 Lame el interior del codo y la piel entre los dedos de tu amante con la punta de la lengua. Las caricias en estas zonas apenas tocadas ponen la carne de gallina.

primera parte | acciones

diente
len

Si te gusta provocar a tu amante, succiona un chupa-chups mientras le lanzas miradas sugestivas. Chupar partes del cuerpo, como los dedos de manos y pies, los pezones y los genitales puede ser orgásmico. El truco es usar los dientes, la lengua y los labios a la vez. Pero ten cuidado con el cuello; pueden quedar chupetones. A la mayoría de hombres les encanta que les chupen el pene, pero algunas mujeres no soportan

sque les chupen el clítoris si no están muy excitadas. En caso de duda, pregunta antes. Chupar es una buena forma de provocar una erección tras haber practicado el sexo un par de veces. Rodea la base del pene con los labios de modo que no se escape el aire. Succiona todo lo fuerte y todo el rato que puedas (respira por la nariz). Se crea así un vacío que concentra la sangre en el pene y lo pone duro.

gualabios

chupar

primera parte | acciones

23 Usa los dientes delanteros para dejar al descubierto la punta del clítoris. Chúpalo y mueve a la vez la lengua de izquierda a derecha con rapidez.

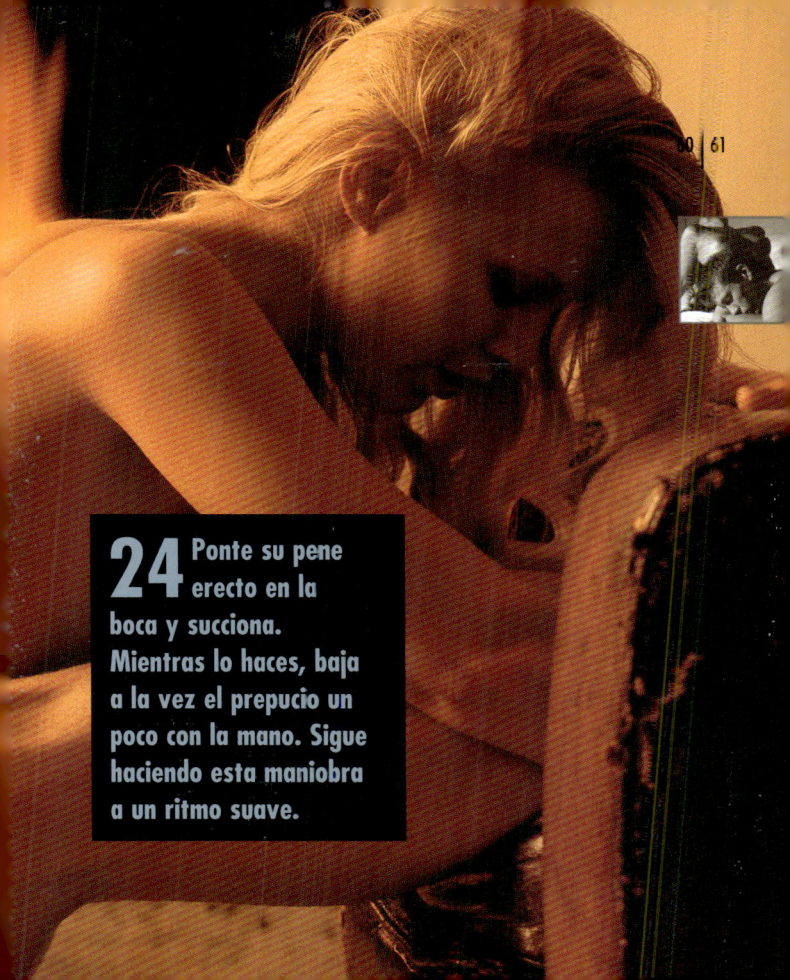

24 Ponte su pene erecto en la boca y succiona. Mientras lo haces, baja a la vez el prepucio un poco con la mano. Sigue haciendo esta maniobra a un ritmo suave.

«más rápido... más

primera parte | acciones

Las variaciones de la penetración son infinitas. El sexo se vuelve aburrido si se hace siempre igual; sed creativos. Mujer: para estimular el punto G túmbate boca arriba y apóyale un pie en el pecho. O para una penetración sin movimiento, sitúate arriba y, una vez te haya penetrado, recuéstate y pon la cabeza entre sus pies. Hombre: para gozar de una penetración profunda frente a frente, siéntate sobre los

lento... más fuerte»

talones con ella a horcajadas sobre ti. O, si te gusta la penetración desde atrás, dile que se ponga de cuclillas con las manos en el suelo y que extienda las piernas, de espaldas a ti. Si a ambos os gusta la postura del misionero, añadid algunas variaciones, como tener la cabeza colgando en la punta de la cama, levantar las caderas de la mujer con almohadas o rodar (aún unidos) para que ella esté arriba.

penetrar

26 Añadid improvisados consoladores comestibles, como pepinos o plátanos (pero tened la precaución de aseguraros antes de que estén muy limpios).

primera parte | acciones

27 Venda los ojos de tu compañero y acarícialo. No dejes que te penetre y cuando se acerque al orgasmo, guíale el pene de modo que sólo vuestros genitales estén en contacto.

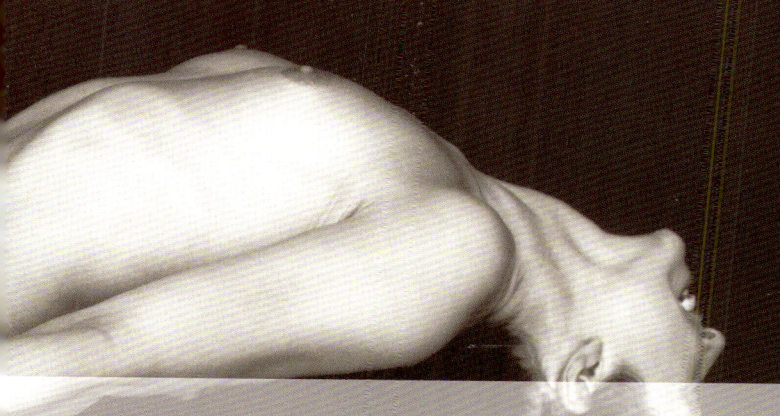

SEGUNDA PARTE

PUNTOS CALIENTES

orejas • boca • cuello • pecho • ombligo • clítoris • punto G • pene • testículos • nalgas • pies

segunda parte | puntos calientes

El pene y el clítoris son los epicentros del placer sensual y erótico, y, con la estimulación adecuada, pueden transportarnos al éxtasis. Pero mucha gente afirma que le encantaría que su amante no sólo prestara atención a los genitales sino también a otras partes de su cuerpo, en especial, a aquéllas a menudo olvidadas. Si la vida sexual consiste siempre en besaros, seguido de acariciaros los genitales el uno al otro, para acabar con el coito, intentad cambiarlo: en lugar de concentraros sólo en las partes del cuerpo que os

puntos calientes

llevan al orgasmo, convertid el sexo en un viaje largo y serpenteante en el que ambos pasáis rato tocándoos. Las sugerencias de esta parte del libro os animan a exploraros el uno al otro por completo, de las orejas a los dedos de los pies, pasando por el ombligo. Si tenéis un orgasmo, perfecto. Pero si no, también. La ventaja de convertir el sexo en una experiencia de todo el cuerpo es que ralentiza las cosas y permite excitarse mucho, de modo que las sensaciones del coito son explosivas.

segunda parte | puntos calientes

Las orejas son tan sensibles que hay quien tiene un orgasmo al estimulárselas («sexo aural»). Este «reflejo auriculogenital» se atribuye a un nervio del conducto auditivo. Si a tu amante le gusta, prueba las siguientes caricias basadas en las técnicas del masaje capilar indio. Pídele que cierre los ojos. Desde detrás, ponle las palmas (calientes) sobre las orejas unos segundos. Describe círculos con lentitud y suavidad. Pídele que se concentre en el sonido que hace eso y que deje la mente en blanco. Pellizca y efectúa movimientos circulares desde arriba hasta la punta del lóbulo y regresa. Pon las yemas de los dedos índices sobre la abertura del conducto auditivo y hazlas girar con suavidad. Vuélvele a tapar las orejas, que deberían estar ahora calientes, rojas y hormigueantes.

29 Toquetea con suavidad las orejas de tu pareja con la lengua y mordisquéale o chúpale los lóbulos (respira con suavidad para no dejarla sorda).

segunda parte | puntos calientes

lamer y mordis...

La boca es un órgano sexual muy versátil: sirve para lamer, encerrar, soplar, acariciar, chupar, besar, mordisquear y morder. Para averiguar lo versátil que es, haz el amor sólo con ella. La combinación de labios y lengua hacen que parezca pensada para el sexo. Según los antropólogos, nos pintamos los labios o nos hacemos *piercings* en la lengua para atraer la atención hacia ellos. En algunas culturas, todavía se insertan placas para agrandar el labio inferior o se ponen adornos de metal, marfil o hueso en la boca. Algunos amantes expresan su intimidad dándose comida o bebida con la boca, como en la película *Tampopo*, en que se pasaban la yema cruda de un huevo hasta que se rompía. Si el huevo no te gusta, prueba con champán frío, o da a tu amante una fruta suave, como una uva o una cereza, con los dientes.

boca

quear morder

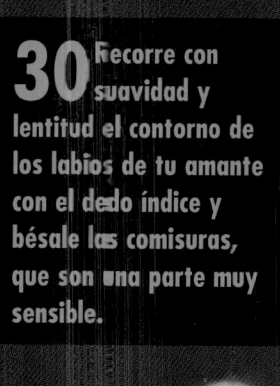

30 Recorre con suavidad y lentitud el contorno de los labios de tu amante con el dedo índice y bésale las comisuras, que son una parte muy sensible.

31 Ponte el pulgar derecho de tu amante en la boca y usa los labios, los dientes y la lengua para chupárselo. Hazlo con todos los dedos de ambas manos.

32 Masajea el labio de tu amante con las yemas de ambos dedos índices, aplica una ligera presión estática a lo largo del labio superior y del inferior.

segunda parte | puntos calientes

acaricia
mordis

El cuello reacciona al contacto sensual enviando oleadas de placer al resto del cuerpo. Chupar, acariciar o mordisquear el cuello pueden excitar sexualmente con gran rapidez. Y, si tu pareja está tensa, un masaje en el cuello es una forma espléndida de relajarla. Ponle una mano en la cabeza y extiende los dedos de la otra en la base del cuello. Desliza la primera mano hasta la parte superior del cuello, sujeta la piel y tira

arsquear cuello

de ella. Haz lo mismo a mitad del cuello y en la base. La sensación (y el olor) es especial si te has untado los dedos con aceite de coco. Puedes ampliar el masaje al cuero cabelludo: pon las yemas de los dedos en la cabeza y describe círculos lentos con las manos (de modo que sólo se mueve el cuero cabelludo). Respirad de forma armoniosa. Este masaje lleva a algunas personas a otra dimensión.

33 Si tienes las uñas largas, recorre con suavidad con ellas el cuello de tu compañero desde lo alto de la nuca hasta la base. El efecto es increíble.

34 Besa con suavidad los tres puntos sensibles que existen en el cuello: la nuca, la curva donde el cuello se une al hombro y bajo la mandíbula.

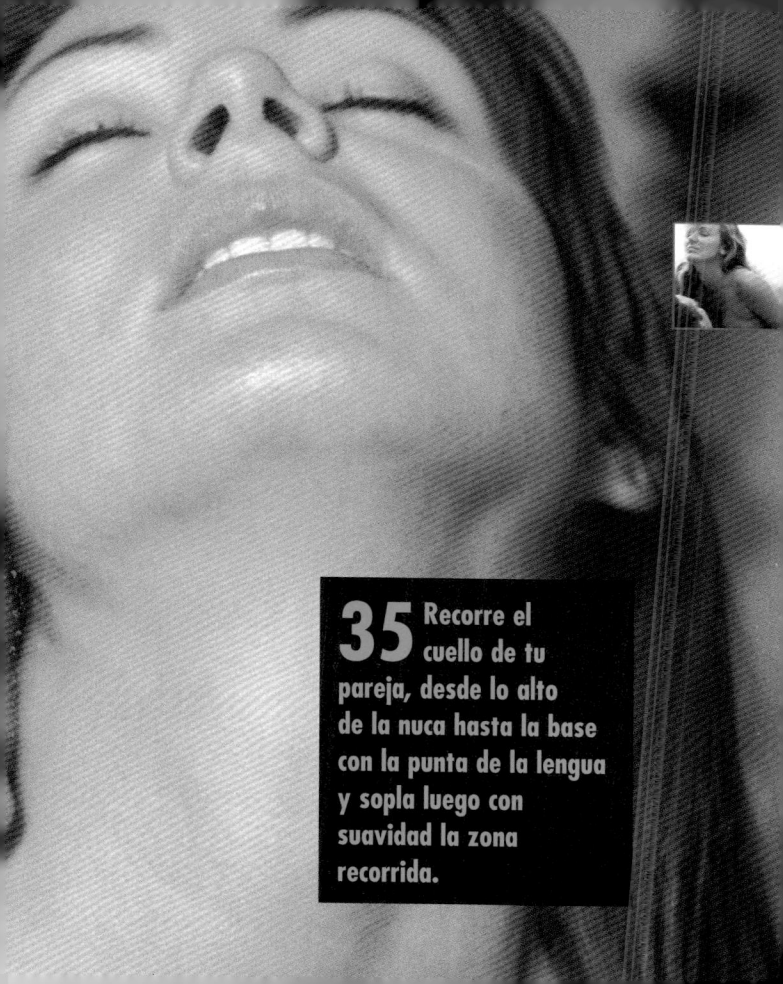

35 Recorre el cuello de tu pareja, desde lo alto de la nuca hasta la base con la punta de la lengua y sopla luego con suavidad la zona recorrida.

segunda parte | puntos calientes

Las mujeres suelen quejarse de que los hombres no prestan suficiente atención a sus pechos. Aunque la sensibilidad varía según la mujer, muchas aseguran que existe una conexión entre los pezones y el clítoris, y que pueden tener un orgasmo al estimulárselos. Si es el caso de tu amante, dedica una sesión sexual sólo a los pechos. Describe círculos alrededor de los pezones con los dedos húmedos, la punta de la lengua o la punta lubricada del pene. Chupa y pellizca con suavidad los pezones, besa y masajea los pechos y acaricia las zonas en que se unen al cuerpo. Si son lo bastante grandes para juntarlos, podéis practicar el coito *à mammilla*: ella usa las manos para «envolverte» el pene con los pechos y tú efectúas los movimientos. Según el tamaño de los pechos, la mujer puede estar tumbada boca arriba o debe situarse arriba.

pecho

segunda parte | puntos calientes

36 Calienta los pezones de tu amante chupándolos con la boca, masajéalos con cubitos de hielo y sóplales aire cálido antes de volver a metértelos en la boca.

37 Pellízcale con cuidado un pezón con una mano y muévelo hacia atrás y hacia delante con la otra. (Pregúntale si quiere que lo hagas más fuerte o más suave.)

segunda parte | puntos calientes

El ombligo es erótico porque recuerda los labios y el orificio vaginal; los antropólogos lo describen como «eco genital». Mucha gente lo exhibe con *piercings* o adornos. Aunque es una zona erógena, su estimulación no gusta a todo el mundo. Explora el ombligo de tu amante con los dedos y la lengua; si no le gusta la penetración, conviértelo en una ranura cerrada con el índice y el corazón y lame a su alrededor. En las mujeres, hay una zona debajo del ombligo, sobre el hueso púbico, que provoca unas sensaciones fantásticas. Cuando esté a punto de llegar al orgasmo, presiona esta zona con la mano a la vez que le estimulas el clítoris o el punto G. Pídele que te diga con qué fuerza debes presionar (si aún puede hablar). Puedes usar un vibrador en lugar de la palma. Es una buena forma de intensificar su orgasmo.

ombligo

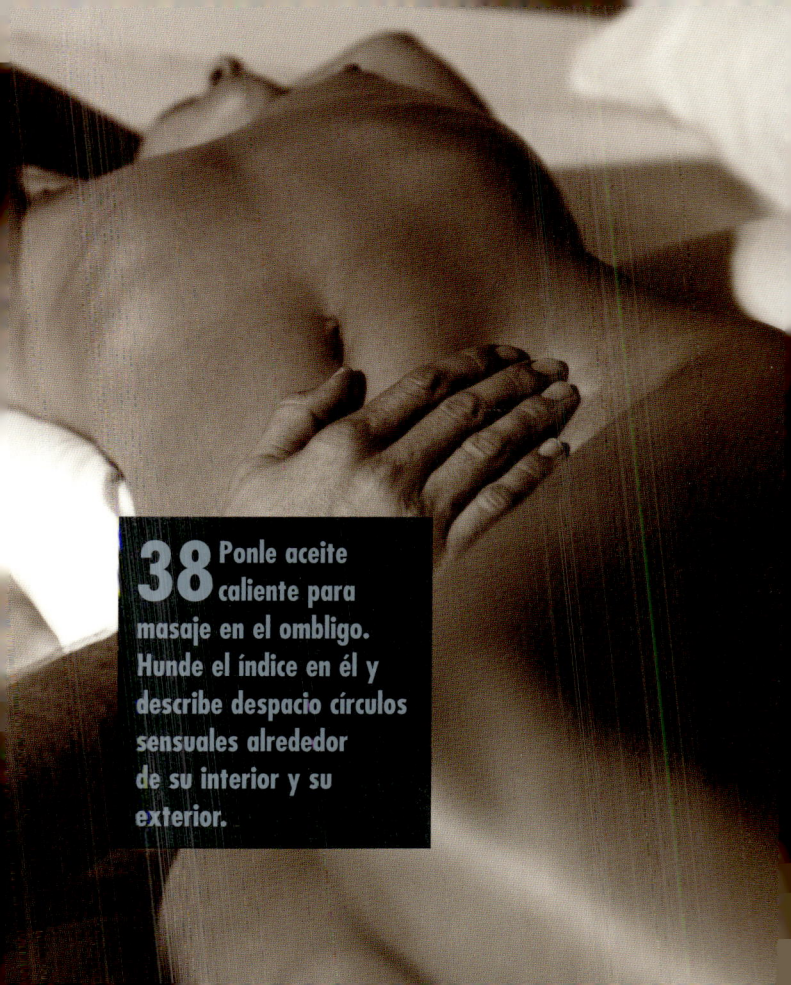

38 Ponle aceite caliente para masaje en el ombligo. Hunde el índice en él y describe despacio círculos sensuales alrededor de su interior y su exterior.

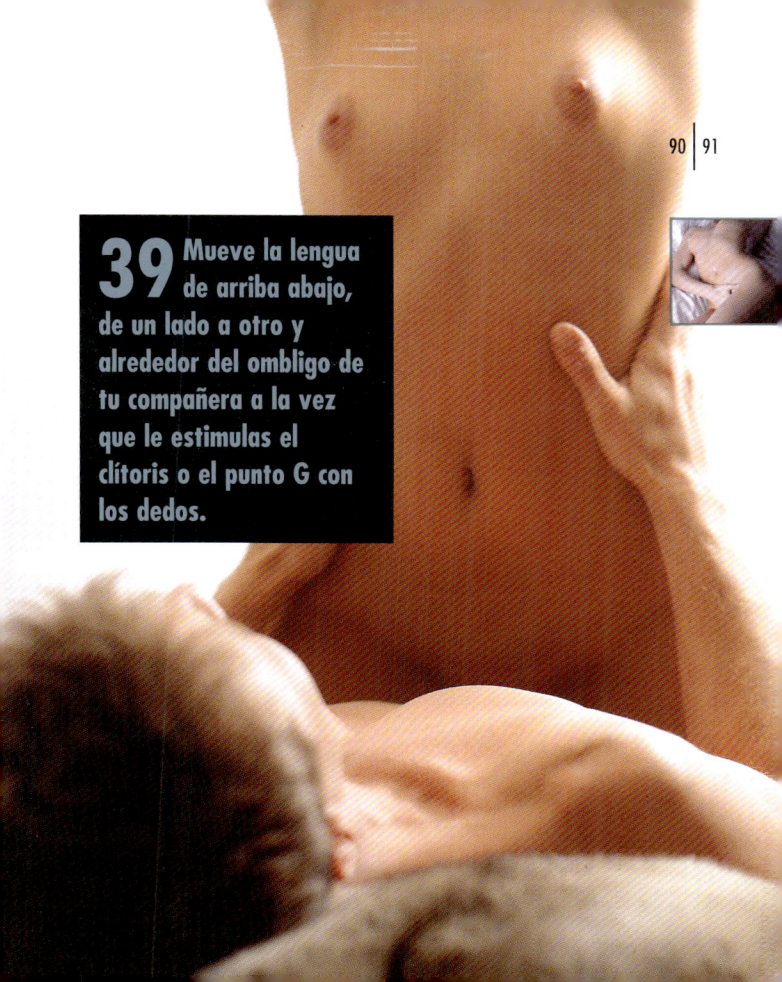

39 Mueve la lengua de arriba abajo, de un lado a otro y alrededor del ombligo de tu compañera a la vez que le estimulas el clítoris o el punto G con los dedos.

segunda parte | puntos calientes

chupar roza

Aunque pueda parecer pequeño, el clítoris es enorme. Además de la puntita rosada visible (el glande), forma en el interior una gran red de tejidos (de hecho, se puede notar el tallo del clítoris bajo el capuchón). Cuando la mujer está excitada, este tejido se yergue del mismo modo que el pene. El clítoris y la forma de tocarlo están rodeados de mucha mística. Chupa con cuidado la punta, recórrelo de arriba abajo o de un lado a otro con la lengua o usa los dedos para acariciarlo describiendo círculos u ochos. Introduce a la vez los dedos o un vibrador en la vagina; a muchas mujeres les gusta esta sensación. Cuando le acaricies el clítoris, pídele que te dé instrucciones como «más rápido», «más despacio», «más fuerte» o «más suave». Sabrás por su expresión si estás haciendo lo adecuado.

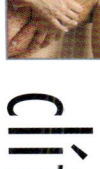

clítoris

tocar

40 Pídele que te lama o chupe el dedo corazón como le gustaría que le lamieras o chuparas el clítoris. Mientras tanto intenta hacerlo con exactitud.

41 Pídele que ponga el dedo índice y corazón en forma de «tijeras» para dejarse al descubierto el clítoris y practícale después sexo oral.

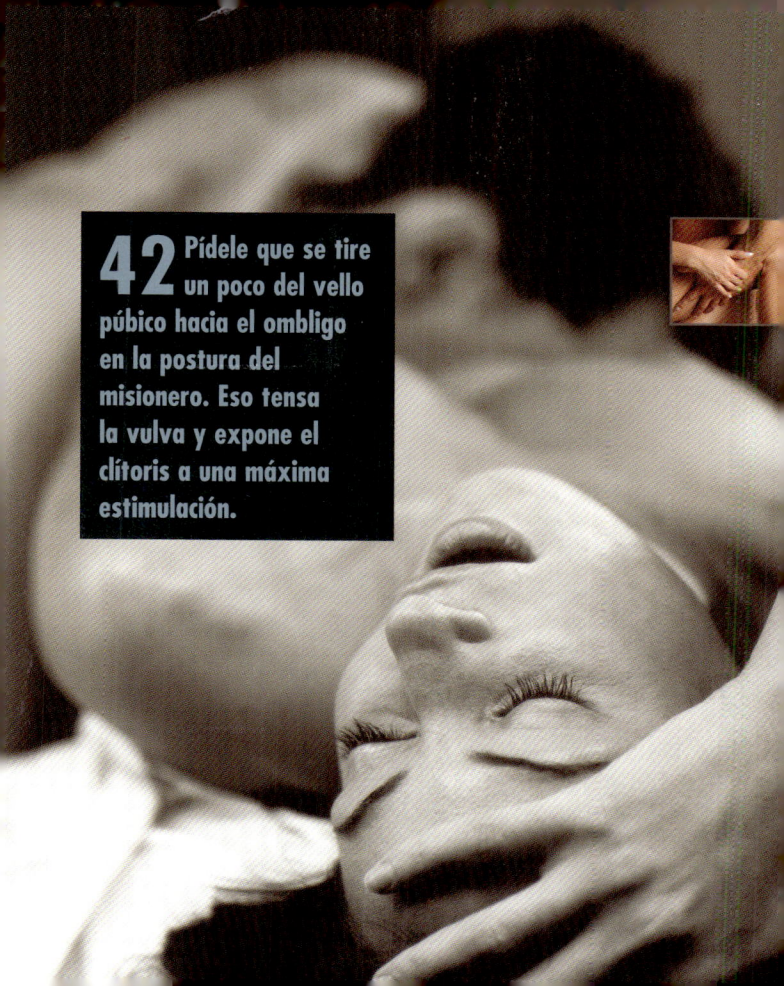

42 Pídele que se tire un poco del vello púbico hacia el ombligo en la postura del misionero. Eso tensa la vulva y expone el clítoris a una máxima estimulación.

segunda parte | puntos calientes

«**no pares**

La *G* del punto G se refiere a Grafenburg, el ginecólogo alemán que localizó esta legendaria zona erógena. Existen numerosos malentendidos acerca del punto G. ¿Existe realmente? ¿Dónde está con exactitud? ¿Lo tienen todas las mujeres? Como está oculto en el interior de la vagina, muchas mujeres no saben gran cosa sobre él ni cómo funciona. La mejor forma y la más rápida de averiguarlo es explorarlo con la pareja. Prueba esta técnica: curva el índice y el corazón hacia dentro, introdúcetelos así en la vagina e intenta tocar con las yemas la pared frontal a unos 5 cm. Busca una zona desigual o elevada que te provoque sensaciones interesantes al tocarla. En términos médicos, se trata de una zona de tejido esponjoso que rodea la uretra (el conducto por el que se expulsa la orina). Cuando aciertes, puedes notar ganas de

segunda parte | puntos calientes

orinar, un placer cada vez mayor o nada en absoluto. Conviene que ya estés excitada al iniciar la búsqueda del punto G. Si te cuesta llegar correctamente con los dedos, pide a tu amante que lo haga él o prueba con uno de los vibradores diseñados para estimular el punto G, que son como los vibradores normales pero que tienen la punta curvada. Según muchas mujeres, la mejor estimulación del punto G es una fuerte presión estática o una caricia firme. Pero las sensaciones en esta zona son muy personales y las reacciones muy variadas, desde una indiferencia total hasta un orgasmo intenso. Si apenas notas reacción, puede que te sientas decepcionada pero no significa que seas rara. En caso contrario, si tienes la fortuna de descubrir el placer del punto G, da un paso más y pide a tu amante que te estimule el punto G y el clítoris a la vez.

punto G

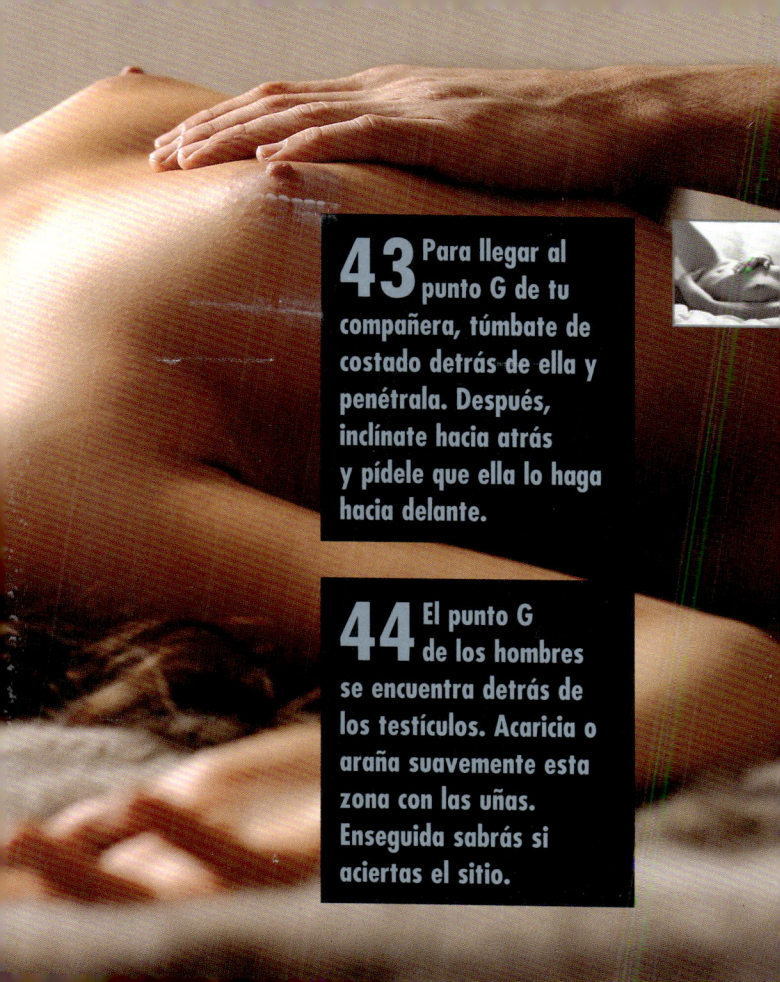

43 Para llegar al punto G de tu compañera, túmbate de costado detrás de ella y penétrala. Después, inclínate hacia atrás y pídele que ella lo haga hacia delante.

44 El punto G de los hombres se encuentra detrás de los testículos. Acaricia o araña suavemente esta zona con las uñas. Enseguida sabrás si aciertas el sitio.

segunda parte | puntos calientes

El punto F es el más sensible del pene. (*F* se refiere al frenillo, la membrana de la parte del tallo donde el prepucio se une al pene). Cuando estés con tu amante, pasa mucho rato tocándoselo con la lengua. O ponte el glande en la boca e introduce el índice o el pulgar entre los labios para estimulárselo manualmente. Muchos hombres sueñan con la llamada «garganta profunda», en que la mujer se introduce todo el

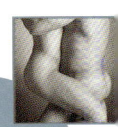

pene en la boca y la garganta. Es algo difícil de lograr, pues muchas veces el pene provoca arcadas al llegar a la garganta. Como alternativa métete el pene en la boca todo lo que puedas (es más fácil si te sientas a horcajadas sobre tu amante, de espaldas a él) y traga o tararea; eso le dará la impresión de ser engullido. Si prefieres usar las manos para llevarlo al orgasmo, pregúntale si puedes ver cómo se masturba

segunda parte | puntos calientes

y fíjate en los detalles. Observa si usa una o dos manos y en qué posición, con qué velocidad y qué lubricante le gusta usar. Ahora te toca a ti. Usa mucho lubricante para que tus dedos se deslicen con suavidad. Al principio puedes probar con movimientos propios, pero usa movimientos rápidos, rítmicos y conocidos hacia el final. Averigua qué le gusta después del clímax. Algunos hombres tienen una sensibilidad enorme tras la eyaculación y quieren que los suelten enseguida; a otros les gusta que les sostengan el pene. Si realmente quieres complacer a tu compañero, cómprale un juguete sexual. Para un hombre suele ser una novedad aplicarse un vibrador al pene. Puedes usar uno corriente, pero los diseñados especialmente para hombres son aún mejores. Ponlo en la cabeza del pene o alrededor de la base y enciéndelo.

45 Túmbaos de costado, frente a frente, con tu cara a la altura de su pene. Póntelo en la boca pero quédate quieta, de forma que sea él quien se mueva.

46 Rodéale el pene erecto con las manos untadas de aceite y gíralas como si escurrieras un trapo a la vez que le acaricias el glande con la lengua.

47 Arrodíllate entre sus piernas y tócale con rapidez el clítoris de arriba abajo o de un lado a otro con el pene. Si ella no llega al clímax, tú seguro que sí.

segunda parte | puntos calientes

testí

A los hombres les encanta que les sostengan los testículos, sobre todo durante la masturbación y el sexo oral. Hazlo con una mano mientras rodeas la parte superior de la bolsa escrotal con el pulgar y el índice de la otra. Lo ideal es que él esté de pie y tú arrodillada; así puedes usar los labios y la lengua para lamerle, acariciarle y chuparle los testículos. Los hombres gozan de este contacto y a veces se afeitan los genitales para que la

testículos

piel del escroto sea tan suave como la de un bebé. Si quieres afeitártelos, hazlo cuando tengas la piel relajada, como después de un baño caliente. Si eyaculas demasiado pronto, existe una técnica espléndida que te permitirá prolongar el coito: cuando estés muy excitado y próximo al orgasmo, tira con firmeza del escroto (o pídele a tu amante que lo haga). Eso demorará el punto sin retorno uno o dos minutos por lo menos.

48 Pídele que se arrodille con los testículos sobre tu cara, rodea la parte superior con los dedos pulgar e índice, métetelos en la boca y chúpalos.

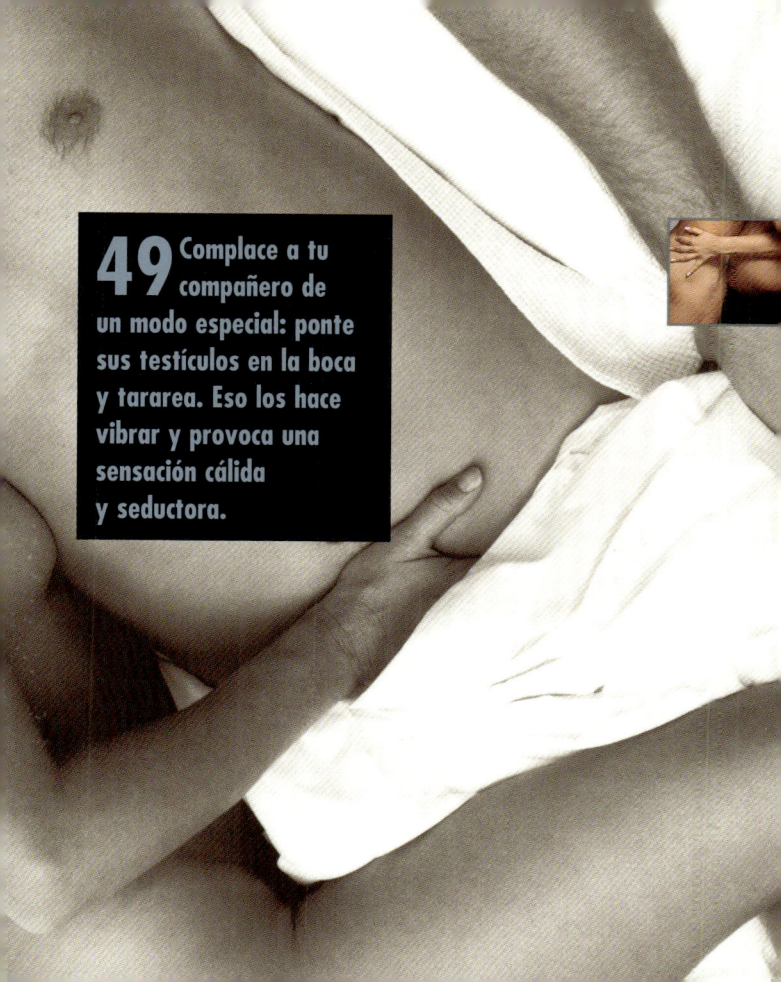

49 Complace a tu compañero de un modo especial: ponte sus testículos en la boca y tararea. Eso los hace vibrar y provoca una sensación cálida y seductora.

segunda parte | puntos calientes

La estimulación de las nalgas vuelve locas a algunas personas. Masajea las nalgas de tu amante: úntate el dorso de las manos de aceite, aplica una fuerte presión estática con los puños en el centro y gira las muñecas de modo que describan medio círculo. También puedes recorrer suavemente las nalgas con las uñas, deslizar el índice y el corazón de arriba abajo, usar los lados de las manos para darles golpecitos o, si le gusta a tu pareja, darle unos azotes. Si eso le va, compra una palmeta de cuero. El atractivo de las nalgas puede ser visual: líneas tensas y compactas o curvas llenas y voluptuosas. Si a tu compañero le gustan las nalgas, lleva tangas y vaqueros ajustados, y haced el amor en la postura del «perrito». O, si se excita cuando le tocas las nalgas, masajéaselas mientras estáis haciendo el amor.

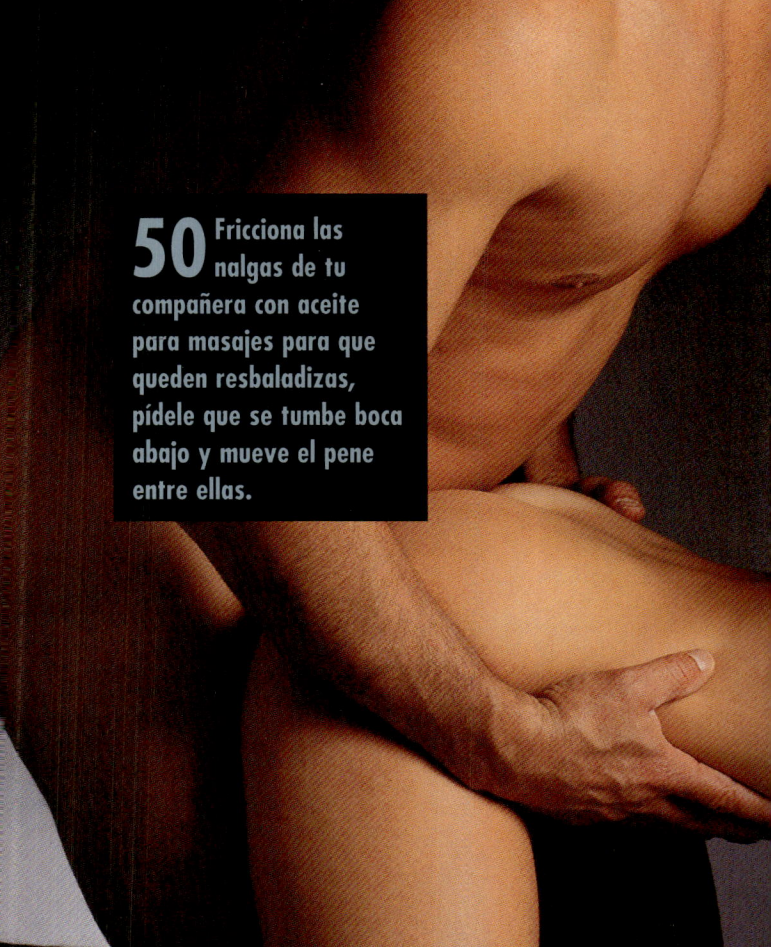

50 Fricciona las nalgas de tu compañera con aceite para masajes para que queden resbaladizas, pídele que se tumbe boca abajo y mueve el pene entre ellas.

51 La próxima vez que tu amante y tú os beséis apasionadamente, pon las manos en las nalgas de tu compañero y acércalo con energía hacia ti.

52 Si se excita cuando le acaricias las nalgas, explórale la vagina o estimúlale el clítoris con la otra mano a la vez para aumentar su placer.

segunda parte | puntos calientes

cosquillas

Los pies son una de las partes sensualmente más olvidadas del cuerpo, y también más sensibles. Eso significa que prestarles atención es excitante. El secreto está en empezar en el baño. Sentaos en extremos opuestos y da un masaje jabonoso en los pies a tu compañero. Sécaselos con una toalla caliente e invítale al dormitorio. Pídele que se tumbe boca arriba y ponte de modo que vea qué haces. Fricciónale los pies con aceite para masajes y rodea la parte principal con ambas manos durante medio minuto (háztelo a ti misma para saber el gusto que da). Después, ponte su dedo gordo en la boca y chúpalo con fuerza a la vez que le pasas el índice untado de aceite entre el dedo gordo y el siguiente. Hazlo con los demás dedos. Añade toques personales, como mordisquear la punta de cada dedo.

segunda parte | puntos calientes

53 Tócale el clítoris con la yema del dedo gordo del pie e introdúceselo después. Lo que pierdas en destreza, lo ganarás en novedad y sensación.

118 | 119

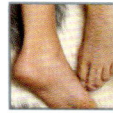

54 Recórrele el pene con los dedos del pie y presiónale después el perineo. El perineo se conoce como el «punto sagrado», en el sexo tántrico.

55 Proporciona una experiencia verdaderamente nueva a tu amante: masajéale con un vibrador los espacios entre los dedos de los pies, de forma muy delicada.

TERCERA PARTE

SENSACIONES

tacto • gusto • vista • olfato • oído

tercera parte | sensaciones

El sexo es, sobre todo, una experiencia física. Es una oportunidad de aislarse del resto del mundo y concentrarse sólo en el cuerpo del otro. Los sexólogos suelen decir que el origen de los problemas de sus pacientes es que piensan demasiado durante el acto sexual. Están demasiado ocupados pensando cómo se sienten, o cómo creen que se siente su pareja, para entregarse a una pura sensación física. El sexo es óptimo cuando nos movemos sólo en el ámbito de los sentidos. Eso no es fácil, ya que la vida diaria suele embotarnos los sentidos y tenemos que esforzarnos en despertarlos. Para ello, resulta útil la técnica de la concienciación, o capacidad de estar absortos por completo en el momento. Por ejemplo, comer una naranja conscientemente significa prestar sólo atención a la experiencia sensorial de la fruta en la boca. El objeto de esta parte del libro es que tomes conciencia (explores el tacto, el gusto, la vista, el olfato y el oído) para poder experimentar el sexo de una forma más física.

sensaciones

tercera parte | sensaciones

«A veces, estamos tan obsesionados por llegar al orgasmo que olvidamos cómo tocarnos. Para redescubrir este arte, reúne objetos que te parezcan sensuales. Después, da un masaje a tu amante no sólo con las manos, sino también con los codos, los brazos, los pies y los labios, y con cualesquiera de los objetos que hayas reunido. Pruébalos en todo su cuerpo con distintas presiones, movimientos y velocidades. Pregúntale luego qué le ha gustado más y elabóralo. El masaje será más sensual aún si le pides antes que visualice algo, como que va a recibir un masaje después de haber estado mucho tiempo sin tacto. Pídele que piense que los riñones serán lo primero que le tocarás. ¿Le hace estremecer la idea? ¿Puede lograr que la piel de otras partes del cuerpo le reaccione de esta forma?

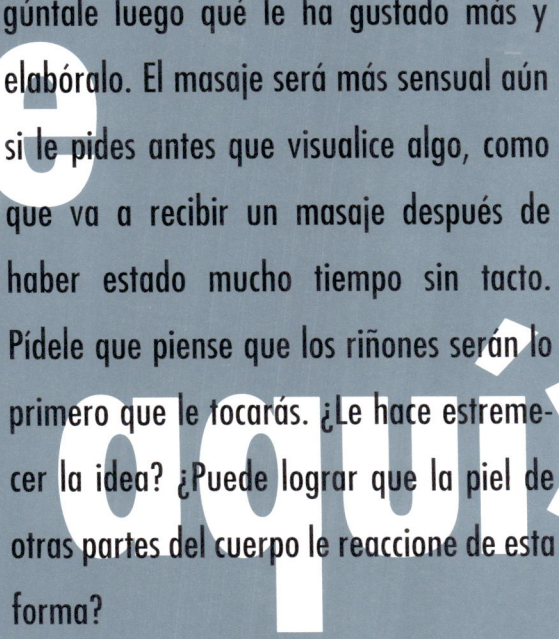

tacto

56 Toma un baño caliente con tu compañera y rocíale los pies con agua fría. O pon un paño caliente sobre el pene de tu compañero tras el orgasmo.

57 Tocaos uno a otro con objetos familiares. Por ejemplo, pide a tu compañera que se ponga a gatas y pásale un pañuelo de seda por los genitales.

tercera parte | sensaciones

Algunos sabores son eróticos. Puede ser el gusto del chocolate (un acreditado afrodisíaco) o la efervescencia afrutada del champán. Algunas personas aseguran que comer jengibre o chile les despierta los sentidos. Prepara una comida con aquellos ingredientes que os exciten. Prescinde de los cubiertos y da de comer a tu amante con los dedos. Quizás te guste comer de su cuerpo; elige alimentos pegajosos, dulces, cremosos o jugosos. Pero, sin duda, el auténtico sabor del sexo procede de tu amante ya que no hay nada comparable a la familiaridad sensual de su boca, su piel o sus genitales. Si te preocupa el sabor en el sexo oral, recuerda que las secreciones genitales contienen afrodisíacos naturales. El semen sabe más dulce si el hombre se abstiene del tabaco, el café y la cerveza, y come fruta, como kiwis.

gusto

tercera parte | sensaciones

58 Pídele que se ponga bálsamo con sabor a menta en el pene. O chupa un caramelo mentolado antes de practicar el sexo oral. Puede ser muy excitante.

59 La próxima vez que estés con tu amante dile que sabe muy bien. Eso hará que se relaje, aumentará su confianza y hará que se sienta increíblemente *sexy*.

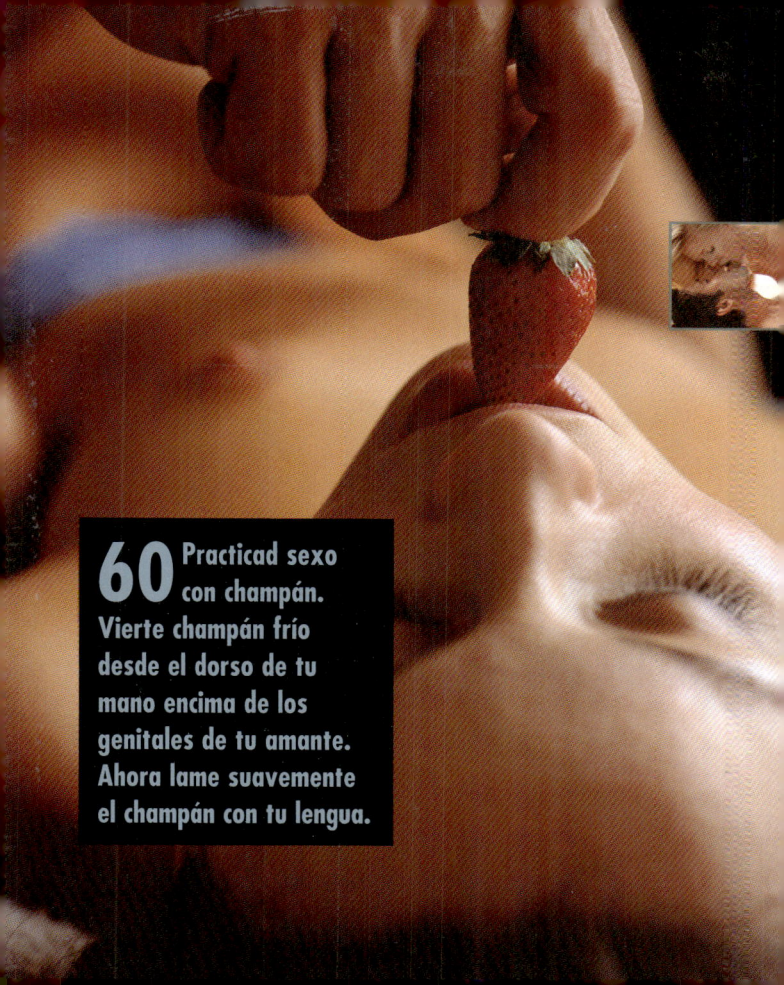

60 Practicad sexo con champán. Vierte champán frío desde el dorso de tu mano encima de los genitales de tu amante. Ahora lame suavemente el champán con tu lengua.

tercera parte | sensaciones

La atracción sexual suele empezar por la vista. Cuando conoces a tu amante, absorbes todos sus detalles físicos; hasta su menor expresión facial es fascinante. Pero cuando ya te resulta familiar, esa mayor capacidad de observación desaparece. Una forma de evitarlo es practicar la «mirada consciente». Eso significa estar concentrado por completo en el cuerpo de la pareja usando la vista. Adoptad una actitud medi-

ccion · vista

tativa con la práctica del yoga o del taichi, o con un baño relajante. Después, miraos la cara y el cuerpo uno a otro (si os sentís incómodos, combinadlo con un masaje). Concentraos en los detalles, como los labios, la textura de la piel o la curva de las caderas. Imaginad que no os vais a ver en mucho tiempo y debéis grabar la cara y el cuerpo del otro de forma indeleble en vuestra memoria.

61 Este ejercicio sexual aumenta la intimidad y la confianza en uno mismo. Ponte de pie frente al espejo con tu pareja. Indicad qué os gusta del cuerpo del otro.

62 Practicad una mirada interior profunda. Observaos el interior del alma mirándoos a los ojos hasta y durante el orgasmo; sentiréis una conexión sorprendente.

63 Ved juntos una película erótica. También podéis mirar alguna obra sensual, como el *Kama Sutra*, grabados eróticos japoneses o libros de almohada chinos.

el perfume de

tercera parte | sensaciones

Solemos lavarnos tanto que suprimimos todos nuestros olores corporales. Y esos olores son muy excitantes porque contienen unos afrodisíacos naturales, las feromonas. Según Alex Comfort, autor de *La alegría del sexo*: «Su perfume puede ser un arma de largo alcance (nada seduce mejor a un hombre...).» Descubre el poder animal del olor. Antes del sexo, seguid un «recorrido oloroso» por el cuerpo

su piel desnuda

del otro. Exploraos uno a otro los genitales, los pezones, los ombligos y las axilas, cada uno con su propia fragancia. Detecta las sutiles diferencias y su efecto en ti. Mujer: si el olor genital excita a tu amante, aplícate tus fluidos vaginales como un perfume. En un estudio, las mujeres que lo hicieron afirmaron que su amante les prestó de repente mucha más atención sexual.

olfato

tercera parte | sensaciones

64 Esparce pétalos de rosa en el agua caliente de la bañera. Lavaos el uno al otro y, una vez os hayáis secado, aplicaos mutuamente loción corporal.

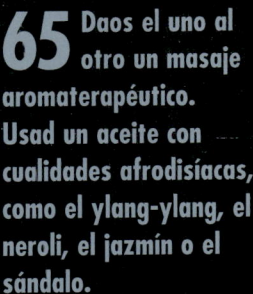

65 Daos el uno al otro un masaje aromaterapéutico. Usad un aceite con cualidades afrodisíacas, como el ylang-ylang, el neroli, el jazmín o el sándalo.

66 El olor de la pareja puede despertar recuerdos y una excitación instantánea. Al estar separados, conserva una prenda impregnada de «su olor».

tercera parte | sensaciones

El buen sexo va acompañado de efectos sonoros. No hay nada igual a los sonidos involuntarios de tu amante al reaccionar a tus caricias. Así pues, relajaos y sed todo lo ruidosos que queráis al hacer el amor (aunque también tiene gracia hacerlo en silencio para que no os oigan, por ejemplo refugiados en el baño durante una fiesta). Lo mejor después de oír los suspiros, jadeos, gemidos y gruñidos de tu pareja en la cama es oírle describir todo lo que te hará, así que no evites decir obscenidades. Para la charla erótica, adecúa la voz al ritmo del sexo (acelera, ralentiza, quédate sin aliento e incluye pausas con una respiración apasionada), usa palabras que tu amante emplee en la cama, y relájate y demuestra que estás disfrutando. Si tú te excitas, tu pareja también lo hará: la excitación es contagiosa.

oído

tercera parte | sensaciones

67 Bailad al son de tambores africanos para crear intimidad. No os preocupéis por vuestro aspecto; abandonaos a los ritmos embriagadores.

68 Poned música fuerte para el sexo en lugar de las habituales canciones lentas y románticas. Según los estudios, la gente se excita más con ritmos fuertes.

69 Lee en la cama con tu amante. Elegid un relato erótico, que os resulte excitante, y leed por turnos fragmentos en voz alta de forma *sexy* y seductora.